Marion Dawidowski

Laubsägen fürs Kinderzimmer

CREATIV COMPACT

CHRISTOPHORUS

Inhalt

Bunte Kinderwelt

Kinder lieben ihre Welt fröhlich und bunt und genauso sind diese Holzideen für das Kinderzimmer. Sie sollen Spaß machen und zum Spiel anregen. Schon beim Aufstehen begrüßt ein lustiges Bettkantengesicht die Kinder und fordert geradezu auf, es in die weiche Nase zu kneifen oder seine strubbeligen Haare zu fühlen. Damit gleich jeder weiß, wer in dem Kinderzimmer wohnt, können Sie die Tür mit einem bunten Zirkus oder einer Rasselbande dekorieren. Ist das Wetter mal schlecht, animiert der Wurfclown zum fröhlichen Spiel. Oder Hase und Clown lassen sich gerne kreuz und quer durch die Wohnung schieben. Und mit dem Teddy im Wackelauto macht das Aufräumen so richtig Spaß!

Ich wünsche Ihnen viel Freude beim Werkeln und Ihren Kindern viel Spaß beim Spielen.

Ihre

M. Dawidowski

Material & Technik

Das Holz

Sperrholz gibt es aus verschiedenen Holzarten und in unterschiedlichen Stärken im Baumarkt, Bastelhandel oder beim Tischler. Für den Innenbereich eignet sich weiches Pappelsperrholz sehr gut, da es leicht zu bearbeiten ist. Es ist als 10 mm starke Platte erhältlich. Um eine Stärke von 20 mm zu erreichen, zwei Platten aufeinander leimen.

Die Laubsäge

Zur Grundausstattung der Laubsäge gehören der Laubsägebogen, das Sägetischchen mit Schraubklemme und Sägeblätter. Während sich Stärken von 10 mm noch gut von Hand sägen lassen, ist für dickeres Material eine elektrische Dekupiersäge besser geeignet. Diese gibt es in verschiedenen Ausstattungen in Werkzeugfachgeschäften oder Baumärkten. Die Sägeblätter immer mit den Zacken nach unten und vom Sägebogen wegzeigend einsetzen. Sie werden so gespannt, dass sie bei Gegendruck nur leicht nachgeben.

Die Farben

Die Modelle werden mit Acrylfarben bemalt. Diese Farben sind wasserverdünnbar und wasserfest. Sie lassen sich sowohl deckend als auch lasurartig verarbeiten. Die Acrylglanzlacke der Firma C. Kreul sind speichelecht und deshalb besonders für Kinderspielzeug geeignet.

SPEICHEL ECHT

Acrylfarben auf Wasserbasis

Weitere Hilfsmittel & Werkzeuge

Transparentpapier, ein Bleistift, Kohlepapier zum Übertragen der Vorlagen. Schraubzwingen, eine Bohrmaschine, Holzbohrer in verschiedenen Durchmessern (an der Zentrierspitze zu erkennen), Holzdübel, Schmirgelpapier (Körnung 150) und Holzleim für die Ausarbeitung der Modelle. Flachpinsel Nr. 12 und feine spitze Pinsel Nr. 2 und 6 für die Bemalung. Diese Hilfsmittel werden in den Anleitungen nicht mehr extra aufgeführt.

Wichtig: Kinder unter drei Jahren sollten nicht alleine mit den Modellen spielen, da Kleinteile verschluckt werden könnten.

So gehts

1. Übertragen der Vorlagen

Die Vorlage mit Transparentpapier und Bleistift abpausen. Zeichnung auf das Holz legen, einen Bogen Kohlepapier dazwischen schieben und alle Linien noch einmal nachzeichnen.

2. Aussägen der Motive

Das Holz mit einer Hand auf dem Sägetischchen festhalten, mit der anderen Hand den Laubsägebogen führen. Die Säge auf und ab bewegen, dabei nur leichten Druck gegen das Holz ausüben. Beim Sägen von spitzen Winkeln oder engen Kurven den Sägespalt auf der Stelle erst etwas breiter sägen, dann das Holz langsam in die neue Richtung drehen, damit das Sägeblatt nicht reißt. Eine weitere Möglichkeit ist das Bohren kleiner Löcher an schwierigen Stellen. Ebenso wird bei Innenausschnitten vorgegangen. Das Sägeblatt durch das gebohrte Loch führen und wieder einspannen. Den Innenausschnitt heraussägen, das Sägeblatt wieder lösen und herausziehen. Bei Dekupiersägen etwas Presspappe unter das Holz legen, dieses franst dann auf der Unterseite weniger aus.

3. Bohren und schmirgeln

Alle nötigen Bohrungen sind auf dem Vorlagebogen markiert. Beim Durchbohren von Holz immer einen Holzrest unterlegen, damit die Rückseite nicht ausfranst. Bei einigen Motiven wird die Bohrung schräg ausgeführt. Den Bohrer zunächst senkrecht aufsetzen und während des Bohrens in die gewünschte Richtung neigen.
Alle Flächen und Kanten mit Schmirgelpapier glätten. Dabei von der Fläche nach außen zur Sägekante hin schmirgeln. Anschließend die Teile entstauben.

4. Holzverbindungen

Um Holzteile flächig aufeinander zu setzen, wird eine Seite dünn und ganzflächig mit Leim bestrichen, das Holzteil platziert und beide mit Schraubzwingen zusammengepresst. Werden Holzteile mit ihrer Kante auf eine Fläche gesetzt, ist es besser, diese mit Dübeln zu verbinden. Zwei Bohrungen in die Holzkante arbeiten, Markierungshilfen („Pins“, in Baumärkten erhältlich) einsetzen und das Teil zur Probe auf der Fläche platzieren. Die Dorne der „Pins“ markieren die Stellen für die Gegenbohrungen. Die Dübel mit Leim einsetzen, die Holzkante ebenfalls mit Leim bestreichen.

5. Bemalen

Das Modell der Abbildung entsprechend oder nach eigenen Vorstellungen mit den Acrylfarben bemalen. Rote Wangen mit einem Wachsmalstift auftragen, dazu den Stift an einem Tuch reiben und damit über das Holz wischen.

Kleiner Hase

Material

- Sperrholz, 10 mm, 22 x 20 cm
- Sperrholz, 20 mm, 13 x 21 cm
- Rundholz, 6 mm, 65 cm
- Vierkantleiste, 1,5 x 1,5 cm, 6 cm lang
- 1 Holzkugel, halb gebohrt, 2 cm Ø
- Acrylfarben in Weiß, Goldgelb, Rot, Grün, Hellbraun, Schwarz
- 1 Stiftnagel, 1 x 1,5 mm
- 1 Splint, 2 mm Ø, 3 cm lang
- Paketschnur
- Bohrer, 2 mm Ø, 6 mm Ø

Vorlagen A1 – A5

Motivgröße: 25 cm

1 Den Körper (Vorlage A1) aus 20-mm-Holz, zwei Arme (Vorlage A2), zwei Füße (Vorlage A3), zwei Räder (Vorlage A4) und ein Sitzbrett, 3 x 10 cm, aus dem 10-mm-Holz sägen. Einzelteile laut Vorlage vorbohren.

2 Die Vierkantleiste in der Mitte durchsägen und beide Teile mittig mit 6 mm durchbohren (Vorlage A5). Die Leistenstücke unter das Sitzbrett jeweils an eine Außenkante leimen, dabei zeigt die Bohrung nach außen. An der vorderen Kante des Sitzbrettes mittig eine 6-mm-Bohrung für das Rundholz schräg ausführen, dabei den Bohrer erst gerade aufsetzen und beim Bohren etwas neigen.

3 Alle Teile nach der Anleitung auf Seite 5 schmirgeln und bemalen. Den Arm, der das Taschentuch hält, mit Leim und Stiftnagel befestigen, den anderen Arm mit dem Splint beweglich montieren, er wird später durch das Rad hoch und runterbewegt. Den Splint durchstecken, die Enden mit der Zange nach außen biegen. Die Füße mit Paketschnur an den Körper binden, mit Knoten und Leim sichern.

4 Den Hasen auf das Sitzbrett leimen. Vom Rundholz 13 cm für die Achse absägen, durch die Leistenstücke schieben und die Räder aufleimen. Übriges Rundholz als Schiebestange einleimen, kleine Holzkugel auf das Ende kleben.

Schiebeclown

Material

- Sperrholz, 4 mm, 2 x 4 cm
- Sperrholz, 10 mm, 7 x 14 cm
- Sperrholz, 20 mm, 20 x 24 cm
- Rundholz, 6 mm ∅, 5,5 cm
- Rundholz, 8 mm ∅, 65 cm
- 1 Holzkugel, 6 cm ∅ (Kopf)
- 1 Holzkugel, 2,5 cm ∅
- 1 Perle in Rot, 1,2 cm ∅
- 1 Stiftnagel, 1 x 15 mm
- Acrylfarben in Weiß, Gelb, Orange, Rot, Grün, Himmelblau, Schwarz
- Filzstift in Schwarz
- Velourszylinder, 4 cm ∅ (Krempe)
- Wolle in Rot
- Moosgummi in Rot, 14 x 16 cm
- Bohrer, 6 mm ∅, 8 mm ∅

Vorlagen B1 – B3

Motivgröße: 28 cm

1 Den Körper (Vorlage B1) aus 20-mm-Holz, zwei Räder (Vorlage B2) aus 10-mm-Holz sägen. Die Bohrungen laut Vorlage ausführen, dabei beim Clown etwas weiten, damit die Achse gut dreht. Das 4-mm-Holz in zwei Stücke, je 2 x 2 cm, sägen und mittig mit 6 mm durchbohren. Alle Teile nach der Anleitung auf Seite 5 schmirgeln und bemalen.

2 Die Perle halbieren und eine Hälfte als Nase aufkleben. Vom 8-mm-Rundholz ein Stück von 7,5 cm absägen und an einem Ende den Stiftnagel quer einschlagen, die Enden etwas kürzen (Seitenschneider, Schutzbrille). Das Rundholz von oben durch den Holzkugelkopf stecken und am Körper einleimen, dabei bleibt aber der Kopf beweglich. Einige Wollfransen als Haare und der aufgeklebte Zylinder verdecken die Befestigung.

3 Auf jede Radinnenseite ein 4-mm-Holzstück (Bohrungen deckungsgleich) leimen und die Räder mit dem 6-mm-Rundholz an den Körper montieren. Die Schlitze der Räder sind etwa um 45° zueinander versetzt, damit die Füße beim Schieben nacheinander aufsetzen.

4 Nach der Vorlage B3 aus dem Moosgummi zwei Schuhe schneiden, die Schnürung mit Filzstift aufmalen und die gerade Kante in die Radschlitze stecken. Eventuell mit Kleber fixieren. Das 8-mm-Rundholz am Körper einleimen, das andere Ende anspitzen und die kleine Holzkugel befestigen.

Messlatte

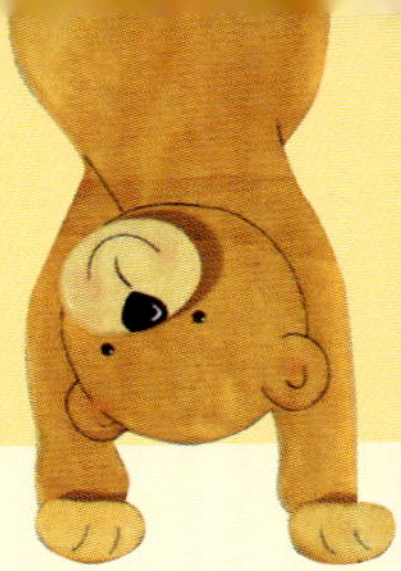

Material

- Sperrholz, 10 mm, 47 x 60 cm
- Sperrholz, 5 mm, 10 x 10 cm
- Holzleiste, 1 x 3,5 cm, 93 cm lang
- 4 Dübel, 6 mm ∅
- Acrylfarben in Weiß, Gelb, Rot, Grün, Braun, Schwarz
- Wachsmalstift in Rot
- 2 Wäscheklammern
- Plombendraht in Gold
- 1 Bilderhaken mit Nägeln
- Bohrer, 2 mm ∅, 6 mm ∅

Vorlagen C1 – C4

Motivgröße: 90 cm

1 Den Affen (Vorlage C1) und beide Bären (Vorlagen C2 und C3) separat aus dem 10-mm-Holz sägen, ebenso zwei Nasenteile, die Pfoten des mittleren Bären, die zwei Füße und eine Hand des Affen. Die Tiere mit Dübeln zusammensetzen (Bohrung laut Vorlage). Zwei Käfer (Vorlage C4) aus dem 5-mm-Holz sägen und laut Vorlage bohren.

2 Nach der Anleitung auf Seite 5 alle Teile schmirgeln und bemalen. In die Holzleiste für die rechte Bärenpfote eine Aussparung sägen, die Maße von 50 cm bis 140 cm aufmalen und die Leiste seitlich auf dem Motiv befestigen. Nasenteile und Pfoten aufleimen, die Affenhand schräg an die Kante der Leiste setzen.

3 Aus Draht Fühler für die Käfer biegen, ankleben und die Käfer auf die Wäscheklammer leimen. Mit den Namen beschriften.

4 Auf der Rückseite der Messlatte den Bilderhaken anbringen oder direkt an die Wand schrauben. Dabei vom Boden 50 cm messen und hier die Messlatte beginnen lassen.

140
130
120
110
Anna
100
90
80
Tim
70
60
50

Bettkantengesicht

Material

- Sperrholz, 10 mm, 11 x 20 cm
- Sperrholz, 20 mm, 22 x 30 cm
- Acrylfarben in Weiß, Enzianblau, Schwarz
- Schaumgummiball, ca. 7 cm Ø
- Bast in Natur
- Wachsmalstift in Rot
- Bohrer, 6 mm Ø

Zusätzlich für Hakenleiste (Titelbild)

- Holzbrett, 1,8 cm stark, 9,5 x 36 cm
- 5 Holzkugeln, halb gebohrt, 2 cm Ø
- 5 Dübel, 6 mm Ø
- Acrylfarben in Gelb, Orange, Hellgrün, Hellblau
- Bast in Gelb

Vorlage D

Motivgröße: 20 cm

1 Den Kopf (Vorlage D) aus 20-mm-Holz, zwei Hände (Vorlage D) und zwei Abstandhalter, 2,5 x 5 cm, aus dem 10-mm-Holz sägen. Das Maß der Abstandhalter der Materialstärke der Bettkante eventuell anpassen.

2 Für die Nase den Kreis heraussägen. Die Bohrungen für die Haare ausführen. Die Abstandhalter laut Vorlage aufleimen und die Hände davor setzen.

3 Den Jungen nach der Anleitung auf Seite 5 bemalen, das Wangenrot mit dem Wachsmalstift aufreiben. Für die Frisur vom Bast Büschel wickeln, in die Bohrungen kleben und zurechtschneiden. Den Ball in die Nasenöffnung drücken. Auf der Rückseite können auch noch Kleiderhaken angebracht werden. Die Abstandhalter und die Hände dann wegen dem zusätzlichen Gewicht verschrauben.

4 Für die *Garderobe* (siehe Titelbild) in das Holzbrett gleichmäßig verteilt fünf Bohrungen arbeiten, die Dübel einleimen und die Holzkugeln aufkleben. Die Hakenleiste bemalen und mit Leim an dem Jungen fixieren.

Für die Tür

Material

Tafel

- Sperrholz, 10 mm, 25 x 27 cm
- Sperrholz, 4 mm, 12 x 12 cm
- Acrylfarben in Weiß, Rot, Grün, Hellbraun, Pastellblau, Schwarz
- 1 Bogen Tafelfolie
- 1 Schraubhaken, 15 mm
- 1 kleiner Schwamm
- 1 Stück Tafelkreide
- Satinband in Gelb, 25 cm
- Doppelseitiges Klebeband

Türrahmenkinder

- Sperrholz, 6 mm, 5 x 8 cm
- Sperrholz, 10 mm, 18 x 40 cm
- Acrylfarben in Weiß, Goldgelb, Flieder, Enzianblau, Himmelblau, Grün, Grau, Schwarz
- Blumendraht
- Filzstift in Schwarz
- Doppelseitiges Klebeband
- Bohrer, 2 mm ∅

Vorlagen E1 – E3

Motivgrößen:

- Tafel: 26 cm
- Türrahmenkinder: 47 cm

Tafel

1 Zwei Vögel (Vorlage E1) aus 4-mm-Holz, die Tafel (Vorlage E1) aus 10-mm-Holz sägen. Alle Teile schmirgeln und anmalen. Die Tafelfolie nach Vorlage zuschneiden und aufkleben.

2 Vögel mit Leim fixieren. Den Schraubhaken unten an der Tafel einschrauben. An die Enden des Satinbandes den Schwamm und die Kreide knoten, eine Schlaufe binden und an den Haken hängen. Die Tafel mit doppelseitigem Klebeband an der Tür befestigen.

Türrahmenkinder

1 Das Motiv (Vorlage E2) aus dem 10-mm-Holz sägen, die in der Vorlage schraffierten Stellen werden nicht herausgesägt. Das Schild (Vorlage E3) aus dem 6-mm-Holz sägen. Bohrungen laut Vorlage ausführen. Nach der Anleitung auf Seite 5 alles schmirgeln und bemalen.

2 Aus Blumendraht die Frisuren formen und in die Bohrungen kleben. Das Schild grundieren und mit dem Filzstift beschriften. Einen Aufhänger aus Blumendraht biegen, die Enden in die Bohrungen leimen und an den Fuß des unteren Kindes hängen. Motiv auf die Ecke des Türrahmens setzen und eventuell zusätzlich mit Klebeband an der Wand fixieren.

bitte nicht stören!
Hier wohnt
Lisa

Wackelauto

Material

- Sperrholz, 10 mm:
  - Teddy: 22 x 24 cm
  - Kiste: 39 x 42 cm
- Sperrholz, 12 mm, 23 x 23 cm (Räder)
- Rundholz, 8 mm Ø, 48 cm
- Holzleiste, 1,5 x 2 cm, 16 cm
- Acrylfarben in Weiß, Gelb, Rot, Himmelblau, Hellbraun, Schwarz
- 4 Unterlegscheiben, innen 8 mm Ø
- 2 Holzperlen in Gelb, 1,5 cm Ø
- 1 Holzkugel, 3 cm Ø
- 1 Ringschraube, 8 x 13 mm
- Kordel, 75 cm
- Bohrer, 2 mm Ø, 8 mm Ø, 10 mm Ø

Vorlagen F1 – F5

Motivgröße: 28 cm

1 Den Teddy (Vorlage F1), die Nase, zwei Pfoten, ein Abstandhalter (Vorlage F2) und die Teile für die Kiste (Vorlage F3) aus 10-mm-Holz sägen. Vier Räder (Vorlage F4) aus 12-mm-Holz arbeiten. Räder laut Vorlage bohren.

2 Für die Kiste die Seitenteile auf die Bodenplatte leimen. Holzleiste in vier 4 cm lange Stücke sägen. Die 2 cm breite Seite mittig mit dem 10-mm-Bohrer durchbohren und bündig mit der Längskante unter die Kiste leimen, dabei 4 cm Abstand zu den Schmalseiten lassen (Vorlage F5). Alle Teile schmirgeln und bemalen (Anleitung Seite 5).

3 Vom Rundholz für die Achsen zweimal 24 cm sägen, durch die Bohrungen schieben, je eine Unterlegscheibe aufstecken und ein Rad aufleimen. Die mittig gebohrten Räder dabei als Hinterräder verwenden. Die gelben Perlen halbieren und auf die Achspunkte kleben.

4 Den Bär mit aufgesetzter Nase in die Kiste leimen. Die Kante der Kiste für die aufliegende Pfote mit dem Cutter anschrägen und die Pfote aufleimen. Abstandhalter und zweite Pfote fixieren. Ringschraube vorne in die Kiste eindrehen. Die Kordel anbinden, am anderen Ende die Holzkugel auffädeln und eine Schlaufe binden.

Tipp

Bei fertigen Rädern aus dem Bastelhandel für die Vorderräder die vorhandene Bohrung mit einem Stück Rundholz schließen und neu bohren.

Material

- Sperrholz, 10 mm, 29 x 100 cm
- Sperrholz, 6 mm, 2,5 x 2,5 cm
- Holzleiste, 1,5 x 2 cm, 40 cm
- Rundhölzer:
  - 10 mm ∅, 8 cm
  - 8 mm ∅, 274 cm
  - 6 mm ∅, 19 cm
- 1 Holzrad, 4 cm ∅
- 1 Holzkugel, 2 cm ∅
- Acrylfarben in Weiß, Enzianblau, Grün, Grau, Schwarz, Silber
- Perlen, 1,4 cm ∅:
  - 1x in Gelb
  - 1x in Blau
- 8 Unterlegscheiben, innen 8 mm ∅
- 1 Sturmhaken, 40 mm
- 1 Ringschraube, 8 x 13 mm
- 4 Moosgummirädchen, 20 mm
- Kordel, 60 cm
- Bohrer, 6 mm ∅, 8 mm ∅, 10 mm ∅

Vorlagen G1, G2

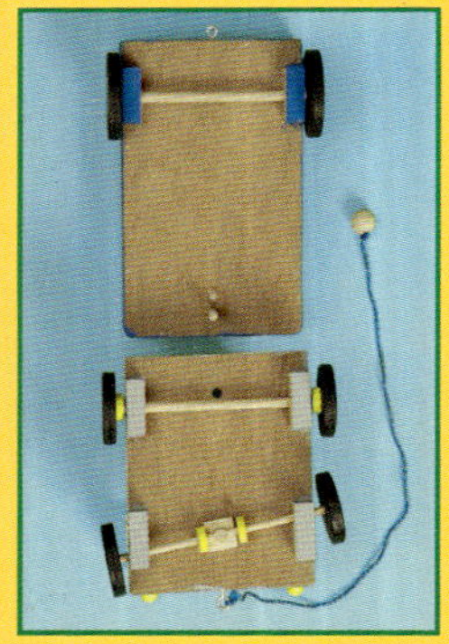

LKW mit Anhängern

Alle Teile nach Sägeplan (Vorlage G1) aussägen und laut Vorlage bohren. Von der Holzleiste zehn 4 cm lange Stücke sägen. Bei acht Leistenstücken die 2-cm-Seite mit 10 mm mittig durchbohren. Zwei Leistenstücke auf der 2-cm-Seite dreimal nebeneinander bohren, mit dem Cutter stehen gebliebenes Material entfernen und zu einem länglichen Loch arbeiten. Die Leistenstücke laut Vorlage G2 und Foto unter die Bodenplatten leimen.
Für die bewegliche Vorderachse das 10-mm-Rundholz an einem Ende mit 6 mm durchbohren (0,5 mm vom Ende), durch die Bodenplatte führen, das kleine 6 mm dicke Holzstück mit 10 mm bohren und auf der Unterseite aufstecken. Als Vorderachse das 6-mm-Rundholz einschieben, dabei vor und hinter dem 10-mm-Rundholz je ein Moosgummirad mit aufstecken, diese dicht neben dem 6-mm-Holzstück platzieren und mit der Achse verkleben, sodass diese nicht seitlich verrutschen kann (siehe Foto). Das Holzrad als Lenkrad auf dem Rundholz befestigen. Das Führerhaus und den ersten Anhänger laut Foto zusammenleimen. Vom Rundholz 3,5 cm sägen und nach unten in die Bohrung des Anhängers leimen. Für den zweiten Anhänger 34 x 6 cm vom Rundholz sägen und in die Bohrungen der Bodenplatte kleben. Alle Teile schmirgeln und bemalen. Die Perlen halbieren und am Führerhaus anbringen. Am LKW ein 18-cm-Rundholz als zweite Achse einschieben, je eine Unterlegscheibe und ein Moosgummirädchen aufstecken. Kleine Räder auf die Achsen leimen.
Die Anhänger mit 17 cm langen Achsen versehen, je eine Unterlegscheibe aufstecken und die Räder fixieren. Eine Ringschraube vorne am Führerhaus eindrehen, Kordel mit der Holzkugel anbinden. Die Anhänger mit Sturmhaken und Ringschraube verbinden.

Der LKW mit Anhängern ist insgesamt 64 cm lang, der LKW 18 cm hoch.

Buchstütze

Material für zwei

- Sperrholz, 10 mm, 24 x 44 cm
- 2 Holzkugeln, 2,5 cm Ø
- 4 Holzdübel, 6 mm Ø
- Acrylfarben in Weiß, Rot, Himmelblau, Enzianblau, Grau, Schwarz
- Draht, 1,5 mm Ø, 22 cm
- Stickgarn in Schwarz
- Bohrer, 2 mm Ø, 6 mm Ø

Vorlagen H1 – H4

Motivgröße: 15 cm

1 Für die Buchstützen zwei Bodenbretter, je 12 x 14 cm, und zwei Stützbretter, je 12 x 13 cm, aussägen. Mit den Dübeln zusammensetzen (Vorlage H1).

2 Zwei Nilpferde (Vorlage H2), zwei Arme (Vorlage H3) und zwei Fische (Vorlage H4) aussägen, die Bohrungen laut Vorlage mit dem 2-mm-Bohrer ausführen.

3 Alle Teile nach der Anleitung auf Seite 5 schmirgeln und bemalen.

4 Die Arme anleimen, einen kleinen Drahtkringel in die Bohrungen kleben. Die Nilpferde in die Winkel der Buchstützen leimen.

5 Zwei Stücke Draht, je 11 cm lang, an einem Ende mit einer Öse versehen, das andere Ende jeweils in die Bohrung am Arm kleben.

6 Vom Stickgarn jeweils 8 cm abschneiden, in die Bohrungen am Fisch leimen und das andere Ende an die Öse knoten. Die Holzkugeln neben den Nilpferden fixieren.

Weinman Sharmat
ab 7/8
und die Super-Pflanze
KOOS MEINDERTS
Königin für einen Tag
Linnéas Jahrbuch
Astrid Lindgren
Lotta zieht um

Bildergalerie

Material

- Sperrholz, 10 mm, 34 x 45 cm
- Acrylfarben in Weiß, Gelb, Orange, Blau, Schwarz
- 4 Puppenwäscheklammern
- Zierdraht in Gold
- Kordel in Blau, 80 cm
- Satinband in Blau, 20 cm
- 2 Bilderösen mit Schrauben
- 2 Wandhaken mit Dübeln
- Bohrer, 2 mm ∅, 6 mm ∅, 10 mm ∅

Vorlagen J1 – J3

Motivgrößen:

- Sonne: 25 cm ∅
- Mond: 19 cm ∅

1 Sonne (Vorlage J1), Gesicht der Sonne, Mond (Vorlage J2), Mützenkante und fünf Sterne (Vorlage J3) aus Sperrholz sägen.

2 Das Gesicht der Sonne und den Mützenrand aufleimen. Die Bohrungen laut Vorlage ausführen. Nach der Anleitung auf Seite 5 alle Teile schmirgeln und bemalen.

3 Die Kordel an Sonne und Mond einkleben. Den Zierdraht zu 8 cm langen Spiralen um einen Stift wickeln und an der Sonne in die Bohrungen kleben.

4 Auf der Rückseite die Bilderösen so über die Bohrungen legen, dass diese halb verdeckt sind, mit Nägeln fixieren.

5 Die Wäscheklammern am oberen Ende an einer Spitze je zweimal mit 2 mm Durchmesser bohren. Das Satinband durchziehen und an die Kordel binden. Sterne aufleimen.

6 Zusätzlichen Stern an der Wand mit Klebeband fixieren. Wandhaken anbringen und Sonne und Mond aufhängen.

Zettelraupe

Material

- Sperrholz, 10 mm, 20 x 30 cm
- Rundholz, 3 cm ∅, 28 cm
- 1 Holzkugel, 5 cm ∅
- 1 Perle in Rot, 0,8 cm ∅
- 1 Holzdübel, 6 mm ∅
- Acrylfarben in Weiß, Gelb, Flieder, Grün, Schwarz
- Aludraht, 2 mm ∅
- Gummikordel, 2 mm ∅, 45 cm
- 2 Krokodilklemmen
- Filz in Gelb, 7 x 7 cm
- Bohrer 2 mm ∅, 6 mm ∅, 8 mm ∅
- Gehrungslade (Sägehilfe für Winkelschnitte)

Vorlagen K1 – K3

Motivgröße: 23 cm

1 Die Blüte und die Blütenmitte nach der Vorlage K1 aus dem Sperrholz sägen. Die Blüte mit 8 mm, die Blütenmitte mit 6 mm laut Vorlage durchbohren.

2 Das Rundholz in vier Stücke von jeweils 7 cm sägen, in Längsrichtung mit dem 6-mm-Bohrer mittig durchbohren. Nun mithilfe der Gehrungslade die Enden schräg sägen (Vorlage K2). Die Bohrungen für Stiftspiralen und Arme mit dem 2-mm-Bohrer ausführen.

3 Nach der Anleitung auf Seite 5 alle Teile schmirgeln und bemalen. Die rote Perle halbieren und eine Hälfte als Nase auf die große Holzkugel kleben. Aus je 8 cm Aludraht zwei Fühler formen und die geraden Enden mit einer Zange flach drücken. Eine kleine Blüte (Vorlage K3) aus gelbem Filz schneiden, in die Mitte ein Loch stechen.

4 Das Kordelgummi 3-fach legen, eine Seite verknoten und die andere Seite mithilfe von einem Stück Blumendraht von unten durch die Blüte fädeln. Dann durch das Blütenmittelteil, die Rundholzstücke, die Filzblüte und die Holzkugel. Das Gummi stramm ziehen, den Dübel mit Leim in die Bohrung schieben und die Fühler dazwischen stecken.

5 Aus Aludraht zwei Spiralen um einen Stift wickeln, die Enden in die Bohrungen der Blüte kleben. Für die Arme je 10 cm Aludraht in den entsprechenden Bohrungen fixieren und an den Enden die Krokodilklemmen anbiegen.

Dienstag
14 30 Turnen
Freitag
12 00 Zahnarzt

Türzirkus

Material

- Sperrholz, 10 mm, 30 x 55 cm
- 2 Holzkugeln, 2,5 cm ∅
- 1 Holzkugel, 2 cm ∅
- Rundholz, 6 mm ∅, 32 cm lang
- Acrylfarben in Weiß, Sonnengelb, Rot, Enzianblau, Grau, Schwarz, Gold
- 1 Messingglöckchen, 2 cm ∅
- Satinband in Rot, 15 cm
- Tonkarton in Gelb
- Filzstift in Schwarz
- Spiegelklebeband

Vorlagen L1 – L3

Motivgröße: 30 cm

1 Das Zirkuszelt (Vorlage L1) und den Elefantenkopf (Vorlage L2) aus dem Holz sägen. Die Holzkugeln mit 2,5 cm Durchmesser halbieren und drei Hälften auf die Zeltspitzen leimen. Alle Teile schmirgeln und bemalen.

2 Steht die Türzarge mehr als 1 cm in den Raum, einen Holzrest als Abstandhalter zwischen Elefantenkopf und Zelt leimen. Den Elefantenkopf fixieren. Die 2-cm-Holzkugel auf das Rundholz leimen, bemalen und das Rundholz auf dem Zelt befestigen.

3 Das Glöckchen mit Satinband an den Elefantenrüssel hängen, die Länge so bemessen, dass die Tür das Glöckchen nur leicht berührt.

4 Die Fahne (Vorlage L3) aus Tonkarton schneiden, beschriften und an das Rundholz kleben. Das Zirkuszelt mit Klebeband oder Schrauben über der Tür befestigen.

Timo

Wurfclown

Material

- Sperrholz, 10 mm, 45 x 102 cm
- Sperrholz, 20 mm, 8 x 13 cm
- 6 Dübel, 6 mm ∅
- Acrylfarben in Weiß, Goldgelb, Rot, Schwarz Himmelblau
- 2 Schraubhaken, 5 mm ∅, 5 cm lang
- 2 Schraubösen mit Wanddübeln, 5 mm ∅, 6,5 cm lang
- 3 Wattekugeln, 4 cm ∅
- Bohrer, 6 mm ∅

Vorlagen K1, M

Motivgröße: 90 cm

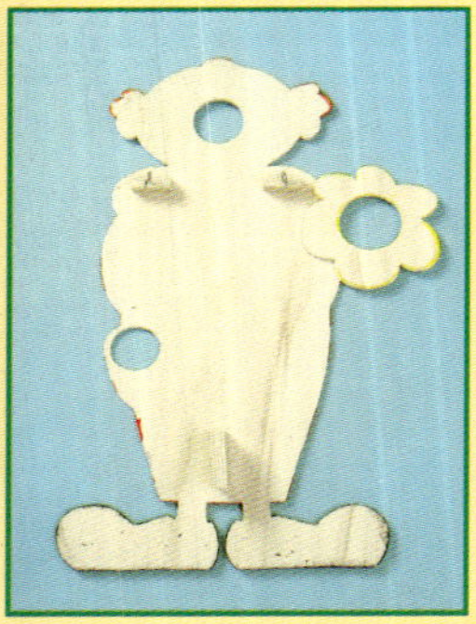

1 Den Clown (Vorlage M) und die Blüte (Vorlage K1) getrennt aus 10-mm-Holz sägen. Die Kreise heraussägen.

2 Von dem 20-mm-Holz zwei Stücke, je 3 x 5 cm, und ein Stück, 8 x 8 cm, sägen. Die Holzstücke auf der Rückseite des Clowns mit ihrer 2-cm-Kante mit Dübeln und Leim befestigen (siehe Arbeitsfoto).

3 Nach der Anleitung auf Seite 5 alles schmirgeln und bemalen. Wattekugeln bunt anmalen.

4 Die Blüte auf der Rückseite des Clowns aufleimen. Schraubhaken in die oberen Holzstücke eindrehen. Die Schraubösen in passender Höhe an der Wand befestigen und den Clown einhängen.

Tipp

Als Standfigur den Clown mit Metallwinkeln auf einem Brett montieren. Sie können den Clown auch direkt auf eine Schranktür malen. Anstelle der Löcher Klettband aufkleben und die Wattekugeln durch Stoffbälle ersetzen.

Material

Himmelsgarderobe

- Sperrholz, 5 mm, 16 x 24 cm
- Sperrholz, 10 mm, 25 x 50 cm
- 6 Holzdübel, 8 mm ∅
- Acrylfarben
- 4 Unterlegscheiben, innen 8 mm ∅
- 2 Schrauben mit Wanddübeln für Aufhängung
- Bohrer, 2 und 8 mm ∅

Grashüpfer-Garderobe (Anleitung Seite 32)

- Sperrholz, 10 mm, 25 x 60 cm
- Sperrholz, 5 mm, 14 x 28 cm
- 6 Holzdübel, 8 mm ∅
- 2 Unterlegscheiben, innen 8 mm ∅
- Acrylfarben
- Plombendraht in Gold
- Folienrest, klar
- 2 Schrauben mit Wanddübeln für Aufhängung
- Bohrer, 2 und 8 mm ∅

Vorlagen:

- Himmelsgarderobe: N1 – N4
- Grashüpfer-Garderobe: O1 – O7

Motivgrößen:

- Himmelsgarderobe: 48 cm breit
- Grashüpfer-Gardarobe: 53 cm breit

Himmelsgarderobe

1 Die Wolke (Vorlage N1), drei große Sterne (Vorlage N1), drei kleine Sterne (Vorlage N2), zwei Abstandhalter, je 3 x 3 cm, und zwei Stopper, je 1 x 3 cm, aus dem 10-mm-Holz sägen. Die beiden Wichtel (Vorlage N3) und die Brettchen (Vorlage N4) aus 5-mm-Sperrholz arbeiten. Bohrungen laut Vorlage ausführen.

2 Auf der Rückseite der Wolke die Abstandhalter und Stopper laut Vorlage mit Leim platzieren. Bohrung für die Wandbefestigung durch Wolke und Abstandhalter ausführen. In die mittleren Bohrungen der Wolke je einen Dübel leimen. In die Brettchen je einen langen Dübel und in die zweite Bohrung einen auf 2,3 cm gekürzten Dübel zur anderen Seite leimen. Nach der Anleitung auf Seite 5 alle Teile schmirgeln und bemalen.

3 Die großen Sterne mit Leim auf der Wolke platzieren. Auf die kurzen Dübel der Brettchen eine Unterlegscheibe stecken, Dübel durch die äußere Bohrung der Wolke führen, zweite Unterlegscheibe aufstecken und den Wichtel mit der Bohrung aufleimen. Dabei den Haken senkrecht nach unten stellen, während der Wichtel oben mit leichter Neigung zur Mitte steht (siehe Arbeitsfoto). So lässt ihn sein Eigengewicht bei leerem Haken nach unten klappen. Zweite Seite ebenso arbeiten. Die kleinen Sterne mit Draht am mittleren großen Stern anbringen.

Impressum

ISBN 3-419-56628-X

Lektorat:
Gisa Windhüfel, Freiburg

Styling und Fotos:
Roland Krieg, Waldkirch

Covergestaltung und Layoutentwurf:
Network!, München

Coverrealisierung und Produktion:
smp, Freiburg

Satz:
Gisa Bonfig, Freiburg

Druck:
Freiburger Graphische Betriebe

Wir sind für Sie da, wenn Sie Fragen haben.
Und wir interessieren uns für Ihre eigenen Ideen und Anregungen.
Schreiben Sie uns, wir hören gern von Ihnen!
Ihr Christophorus-Team

Verlag Herder GmbH
Christophorus-Verlag
Hermann-Herder-Str. 4
79104 Freiburg
Tel.: 0761/2717-0
Fax: 0761/2717-352
e-mail:
info@christophorus-verlag.de

www.christophorus-verlag.de

Grashüpfer-Garderobe

Abbildung & Materialangaben Seite 30/31

1 Nach der Vorlage 01 Wiese, Blüten, Blätter, Grashüpfer und zwei Abstandhalter, je 3 x 3 cm, aus dem 10-mm-Sperrholz sägen. Zwei Bienen (Vorlage 02) und die Kleinteile für die Technik (Vorlage 03) aus 5-mm-Holz arbeiten. Bohrungen laut Vorlage ausführen. Die Abstandhalter auf der Rückseite der Wiese laut Vorlage fixieren und beides durchbohren.

2 Alles schmirgeln und bis auf die Kleinteile für die Technik alles bemalen. Die Flügel (Vorlage 01) aus Folie schneiden, den Rand weiß bemalen und am Rücken des Grashüpfers ankleben. Blüten, Blätter und Grashüpfer aufleimen. Aus dem Draht Fühler formen und in die Bohrungen kleben. In die mittleren Bohrungen der Wiese je einen Dübel einleimen.

3 Auf der Rückseite der Wiese die schmalen Holzstücke für die Führung aufleimen. Die kleinen Brettchen als Abdeckung darüber befestigen (siehe Vorlage und Arbeitsfoto Seite 30). Bienen zum Test einsetzen und den „Stiel" schmirgeln, bis er in der Führung leichtgängig ist.

4 In die gebohrten Brettchen je einen ganzen Dübel setzen und einen auf 2,5 cm gekürzten Dübel zur anderen Seite einleimen. Beide Teile gelb bemalen. Auf die kurzen Dübel je eine Unterlegscheibe geben, Dübel durch die Bohrung der Wiese schieben und auf der Rückseite den Schieber anleimen. Dabei muss der Haken vorne senkrecht runterhängen, während der Schieber auf der Rückseite an der Führung liegt.